10 jours 日間でフランス語のスペルが読める！

CD付

大岩 昌子 [著]

駿河台出版社

CD 録音:ローラン・アヌカン

はじめに

● すでにフランス語を勉強したことのある方、スペルにとらわれ過ぎて、正しい発音を無視していませんでしたか。またフランス語の勉強を始めたばかりの方、スペルはどうすれば読めるのだろうと思っていませんか。本書はそんな皆さんのために、フランス語のスペルを効率的に正しく読めるようになることを目的としたものです。

● 本書は2部構成となっています。第1部はすでに日本語になっているフランス語だけを例として取り挙げました。日本で見かけるフランス語は非常に多くて、その中でも実際のフランス語の音をかなり忠実に再現した日本語の語彙は少なくありません。

● 通常のテキストでは、＜スペル⇒音＞という順序で学習するものですが、この方法ですと、スペルにも音にも初めて触れるので、勉強する方には二重の負担となります。この負担を減らすため、ここでは、＜知っている音⇒スペル＞という順序で学習します。そもそも語学の学習は音から入り、それがどのようなスペルになるか学習する、という方向が理想的だと思っています。こうした学習をすれば、今度は逆にスペルを見ると音が思い浮かんでくるようになります。

● ただ、日本語とフランス語は言語が異なりますから、全く同じ音というわけではありません。そこで、第2部ではもっと正確な発音が知りたい方のために発音の仕組み、発音記号などを解説しました。簡単な文章も読めるようになります。

● 第1部と第2部の間にはある程度の期間をおいていただいてもいいと思います。まずは10日間でフランス語のスペルを大体読めるようになってください。そうすれば、充分に通じるフランス語を発音することができます。

● それでは第1日目のスタートです！10日後の自分を信じて始めてみましょう。

● 本書のフランス語の校閲や録音に協力いただいた同僚のローラン・アヌカン氏、出版に際して適切な助言をいただいた駿河台出版社編集長上野名保子氏に心からお礼を申し上げる次第です。

著者

目次

第1部　音からスペルへ

1日目：フランス語の音を発音しながらスペルを眺めましょう。......004
　　　　コラム　ローマ字表記について
2日目：簡単な母音字と子音字を読みましょう。......008
　　　　コラム　音のかたまりとして意識する単位について
3日目：鼻母音をマスターしましょう。......016
　　　　コラム　アクサン記号
　　　　スペルを書いてみましょう。
4日目：音節を意識して発音してみましょう。......024
　　　　コラム　hについて
5日目：カタカナでは特に表記の難しい音をマスターしましょう。...028
　　　　コラム　rの発音
6日目：文字を組み合わせてできる母音をマスターしましょう。......032
　　　　コラム　フランス語の文字
　　　　スペルを書いてみましょう。
7日目：文字を組み合わせてできる子音および半子音を
　　　　マスターしましょう。......038
　　　　コラム　スペル面からの音節の区切り方
8日目：eの読み方をマスターしましょう。......042
　　　　コラム　例外的な発音
9日目：音のつながり──アンシェヌマン、エリジオン、リエゾン......046
　　　　スペルを書いてみましょう。
10日目：動詞の発音......052
　　　　単語の発音に挑戦してみましょう。
　　　　使用したフランス語のリスト

第2部　より正確に発音するために

母音......060
半子音（半母音）......064
　　　　コラム　音声面からの音節の区切り方
子音......066
　　　　コラム　フランス語の発音のコツ
フランス語文の発音記号表記......070
　　　　コラム　フランス語のイントネーション

解答......072

第1部

① ② ③ ④ ⑤ ⑥ ⑦ ⑧ ⑨ ⑩

音からスペルへ

1 jour

日目 フランス語の音を発音しながらスペルを眺めましょう。

　まずは日本語として親しみのある単語で発音を練習していきます。スペルを眺めながら、日本語になっているフランス語をカタカナで発音するだけです。ここでは太字になっているカタカナを少ししっかり読むのがコツですが、英語のような強いアクセントをつける必要はありません。

　日本語になっているフランス語の語彙はなんといっても食べ物関係が多いのですが、他の分野の語彙も見られます。

2

［ポ**タ**ージュ］　　potage

［カ**フェ**］　　　café

［ト**マ**ト］　　　tomate

［**ム**ース］　　　mousse

［クロワ**サ**ン］　croissant

［ク**レ**ープ］　　crêpe

[シェフ]	chef
[コニャック]	cognac
[バゲット]	baguette
[スープ]	soupe
[ソース]	sauce
[ゴーフル]	gaufre
[タルト]	tarte
[リットル]	litre
[コンクール]	concours
[ルート]	route
[ヴァカンス]	vacances
[レジュメ]	résumé
[アンティーク]	antique
[ブルジョワ]	bourgeois
[ベージュ]	beige
[サロペット]	salopette
[アンケート]	enquête

> 基本的なきまり

今日はこの２つのきまりだけを完全に覚えましょう。

1. 原則、c, r, f, l 以外の語末の子音字は読みません。
　　croissant, concours / chef

2. 語末の母音字eは［エ］とは発音せず、まったく発音しないか、発音する場合でも軽い［ウ］となるだけです。ですから、tarteは［タルテ］にはなっていませんね。

　日本語の［タルト］をローマ字表記すると ta-ru-to になりますが、フランス語の tarte にはuや最後のoは含まれていないのがわかると思います。特に語尾は［ト］ではなく、［トゥ］と軽く発音するとフランス語らしくなります。tomate や route なども同じですね。

　eの上にéのようにアクサン記号（3日目コラム参照）がついている場合は［エ］と発音します。
　　café, résumé

3 ディクテ1

　この2つのきまりを頭において、さきほどの単語を聞いて、その意味を日本語で書いてみましょう。

1. ＿＿＿＿＿＿　　2. ＿＿＿＿＿＿
3. ＿＿＿＿＿＿　　4. ＿＿＿＿＿＿
5. ＿＿＿＿＿＿　　6. ＿＿＿＿＿＿
7. ＿＿＿＿＿＿　　8. ＿＿＿＿＿＿
9. ＿＿＿＿＿＿　　10. ＿＿＿＿＿＿

　「語尾の e や子音字を読まない」ことに慣れてきましたか。これだけでフランス語はかなりの部分正しく読めるようになります。早めに慣れるようにしていきましょう。特に語尾に注意しながら何度も発音してみてください。

ローマ字表記について

　タルトをローマ字表記すると[ta-ru-to]になります。日本語は基本的に母音のみ、あるいは「子音＋母音」の組み合わせで構成されています。

　ちなみに日本語のローマ字表記にはヘボン式の他、日本式、訓令式などがあり、多少の違いがあります。

2 jour 日目 簡単な母音字と子音字を読みましょう。

さあ、2日目です。今日は簡単な母音字と子音字の読み方を見ていきましょう。

フランス語は一つの母音字（a や u など）を何通りにも読む英語と比較して、遥かに規則的に読むことができます。下線部だけを比較してみてください。英語では「勉強」と「学生」とで同じ母音字の読み方が変わるのに対して、フランス語では変わりませんね。

英語：　　　　　　　　　　仏語：

st<u>u</u>dy 　　［ス<u>タ</u>ディ］　　　ét<u>u</u>de 　　［エ<u>テュ</u>ド］

st<u>u</u>dent ［ス<u>チュー</u>デント］ ét<u>u</u>diant ［エ<u>テュ</u>ディヤン］

まず次の母音字に注目しましょう。口の中で摩擦を生じない音を母音といいます。日本語では5母音「ア、イ、ウ、エ、オ」ですね。フランス語の母音は多くて16個[1]ありますが、今日はその中でも簡単なものに絞りました。

ほとんどの文字はそのまま発音することになります。フランス語には二重母音はありませんから、例えば a は［ア］[2]、i は［イ］と発音するのです。また、â や î のように ^ 記号がついても、a や i と同じ発音になります。

[1] 地方や話し手によって区別しない場合もあります。
[2] 厳密には口の前方で発音されるものと後方で発音される音がありますが、特に区別する必要はありません。詳しくは第2部「母音」を参照してください。

4

p**o**t**a**ge	［ポタージュ］
c**af**é	［カフェ］
t**o**m**a**te	［トマト］
cr**ê**pe	［クレープ］
p**â**t**i**sser**i**e	［パティスリー］
t**a**rte	［タルト］
l**i**tre	［リットル］
s**a**l**o**pette	［サロペット］
b**u**ffet	［ビュフェ］
b**u**reau	［ビュロー］

buffet（ビュッフェ）の u の発音は口笛を吹くように唇を尖らせて発音する［ユ］のような音です。こちらはフランス語ならではの母音[3]です。フランス語で［ウ］と読むのは ou というスペルになります。フランス語にはこのように母音字を合わせて、一つの音として読む場合がいくつかあります[4]。

5

    m**ou**sse   ［ムース］

    s**ou**pe   ［スープ］

    g**ou**rmet   ［グルメ］

6 ディクテ 2

 CDを聞いて次の下線部に適切な母音字を入れましょう。

1. p_t_ge
2. t_m_t_
3. t_rte
4. b_ffet
5. s_ _ pe
6. m_ _ sse
7. g_ _ rmet
8. l_tre

---

[3] 第2部「母音」[y]を参照してください。
[4] 詳しくは6日目に見ましょう。

次は子音字です。子音は口のどこかを閉じたり、狭めたりすることにより発音される音です。全部で17個あります。ここではその中から難しいものを取り上げて学習していきます。子音字とその発音はほぼ一対一対応ですが、いくつか注意点もあります。

7

gar**ç**on	［ギャルソン］
potage	［ポタージュ］
buffet	［ビュフェ］
café	［カフェ］
crêpe	［クレープ］
fian**c**é	［フィヤンセ］
pâ**tiss**erie	［パティスリー］
tar**t**e	［タルト］
li**tr**e	［リットル］
salo**p**ette	［サロペット］
to**m**ate	［トマト］
va**c**an**c**es	［ヴァカンス］

> 子音の注意点

1. **ç** の下のひげは「セディーユ」といいます。これはサ行で発音するように、という意味です。
　　　gar**ç**on [ギャルソン]

2. 語中の **r** 音[5]もしっかりと発音するのがフランス語の特徴です。
　　　ga**r**çon [ギャルソン], ta**r**te [タルト]

3. **g** と **c** は次にくる文字によって発音が変わります。a, o, u の前ではそれぞれ[g], [k]、i, e の前ではそれぞれ[ʒ], [s]になります。
　　　garçon, pota**g**e　/　**c**afé, fian**c**é

4. -**ss**- は必ずサ行で発音します。
　　　　pâti**ss**erie

5. **v** は [ヴ] という発音で、英語と同じ摩擦音です。
b の発音[6]とは区別しましょう。

---

5 [r] 音をどう発音するかについては5日目のコラムを参照してください。
6 b は通常 [ブ] と発音しますが、c, s, tの前では [プ] となります。
　例：absent [アプサン]

8 ディクテ3

CDを聞いて次の下線部に適切な子音字を入れましょう。

1. _a_ _ on
2. _ o_ a_ e
3. _ a _é
4. _a_ _e
5. _ ou_ _ et
6. _ â _ i _ _ erie
7. _ i_ _ e
8. _ ian_é

9 練習問題1

次の単語を読んでみましょう。

été　　　　table

mode　　　il

moto　　　mère

titre

音のかたまりとして意識する単位について

　人間の音声はいくつかの音が1つのまとまりを作って発音されるものです。子音が母音を取りまく形で作られるのが「音節」という単位です。一方、音節をさらに区分してできる単位が「モーラ」という単位です。一般的にフランス語は「音節」を基本的な音の単位とする「音節言語」、日本語は「モーラ」を基本的な単位とする「モーラ言語」に分類されています。

　先ほどの例をもう一度見てください。

日本語　　　　　　　　　　　フランス語
カ／フェ（2モーラ）　　　　café［カ／フェ］（2音節）
ト／マ／ト（3モーラ）　　　tomate［ト／マト］（2音節）
ギャ／ル／ソ／ン（4モーラ）garçon［ギャル／ソン］（2音節）

　日本語とフランス語の音声には様々な違いがありますが、このように話者が感じる「音のかたまり」の長さの違いもその1つです。日本語の方は、「フェ」や「ギャ」のような音以外は1つ1つのカタカナを分けて読むことがわかりますね。「ン」も1モーラとして独立しているので、3つの言葉はそれぞれ2、3、4モーラになります。それに対してフランス語では、すべて2音節となります。つまりカタカナで書いた日本語とフランス語とは音のかたまりが違うのがわかるでしょう。カタカナで表記することの限界がここにあるのですが、今は特に気にすることはありません。また、音節については4日目にもう少し詳しく説明します。

Memo

3 日目 jour

鼻母音を
マスターしましょう。

今日はフランス語の特徴的な音である鼻母音を見ていきましょう。母音を発音する時に、口からだけでなく、鼻からも息を出して発音するのが鼻母音です。「美味しい」という意味で「セ・ボン」って聞いたことがありますよね。カタカナではこのように「オン」と表記しますが、実際は [ン] とは発音しません。発音のコツは最後まで口を塞がないことです。フランス語が「愛を語るのに最高のことば」と言われるのは、この鼻母音によって柔らかな感じがするからではないでしょうか。
　いつものように単語から見ていきましょう。

10

restaur**an**t	［レストラン］
croiss**an**t	［クロワサン］
grat**in**	［グラタン］
concours	［コンクール］
vac**an**ces	［ヴァカンス］
des**s**in	［デッサン］

chans**on** 　　　［シャンソン］

enquête 　　　［アンケート］

p**ain** 　　　　　［パン］

太字のスペルが鼻母音になります。大まかに言うと、＜母音字+m, n＞が鼻母音になります。

フランス語には4つの鼻母音がありますが、よくでてくるのは、次の3つです。

　　　am, an, em, en　　　　　　　　　　［アン］

　　　im, in, ym, yn, aim, ain, eim ein　［アン］[7]

　　　om, on　　　　　　　　　　　　　　［オン］

日本語では「レストラン」も「グラタン」も語尾は同じ「アン」という表記となっていますが、gratin の「-in」はもう少し口を横に引いて発音する［エン］に近い音です。

注意点

1. -**mm**-, -**nn**-は前の母音を鼻音化しません。
　gra**mm**aire　［グラメール］文法　　ho**mm**e　［オム］人、男

2. p**ain**とmadel**eine**の最後の部分を比較してみてください。-**in**-が語尾あるいは、その後が子音字であれば「鼻母音」になりますが、-**eine**のように-n-の後に母音字がくれば、［エーヌ］という発音になり、「鼻母音」ではなくなります。
　例　améric**ain**　［アメリカン］
　　　améric**aine**　［アメリケーヌ］

[7] この音は英語の[æ]に近い音です。例：pan（英）

11 ディクテ4

CDを聞いて次の下線部に適切な文字を入れましょう。

1. restaur_ _ t
2. croiss_ _ t
3. grat_ _
4. c_ _ cours
5. vac_ _ ces
6. dess_ _
7. ch_ _ s_ _
8. p_ _ _

12 練習問題2

次の単語を発音してみましょう。

dans   brune

tente   rond

tante   ronde

faim   jambe

brun   long

Memo

アクサン記号

1. アクサン・テギュ **é**

この記号は e のみにつき、口を左右に引っ張って [エ] と読みます。

café [カフェ]

2. アクサン・グラーブ **à è ù**

(1) è は口を少し開けて長めに [エ] と読みます。

mère [メール]

(2) à は語の意味を区別します.

la [ラ] 定冠詞の女性単数形　　là [ラ] そこに

(3) ù は次の２語の意味を区別します.

ou [ウ] あるいは　　où [ウ] どこに、どこへ

3. アクサン・スィルコンフレックス **â î û ê ô**

この記号は無声化した -s- の名残であったり、語の意味を区別するためについています。ê は [エ] と読みますが、他の文字は、アクサンがついていない場合と同じ読み方をします。

4. トレマ **ï ü ë**

２重母音字を区切る記号です。

Noël [ノエル]　　クリスマス

5. セディーユ **ç**

c は a,o,u の前ではカ行で発音されます。これを、サ行で発音するためにこの記号をつけます。

ça［サ］, ço［ソ］, çu［スュ］

concours［コンクール］ ／ garçon［ギャルソン］

✪ スペルを書いてみましょう。

　ここではフランス語のスペルを書く練習をしましょう。まずは自分で思い出してください。それから右の正解を見て、もう一度書いてみてください。どこが間違ったか確認していくようにすれば、音からスペルを書くことができるようになっていきます。

[ポタージュ] ＿＿＿＿＿＿ ＿＿＿＿＿＿
potage

[スープ] ＿＿＿＿＿＿ ＿＿＿＿＿＿
soupe

[カフェ] ＿＿＿＿＿＿ ＿＿＿＿＿＿
café

[クレープ] ＿＿＿＿＿＿ ＿＿＿＿＿＿
crêpe

[タルト] ＿＿＿＿＿＿ ＿＿＿＿＿＿
tarte

[トマト] ＿＿＿＿＿＿ ＿＿＿＿＿＿
tomate

[レストラン] ＿＿＿＿＿＿ ＿＿＿＿＿＿
restaurant

[ヴァカンス] ＿＿＿＿＿＿ ＿＿＿＿＿＿
vacances

［シャンソン］　　　_____　　　_____
　　　　　　　　　　　　　　　　　chanson

［パン］　　　　　_____　　　_____
　　　　　　　　　　　　　　　　　pain

4 jour

音節を意識して発音してみましょう。

日目

　コラムで説明しましたように「音節」とは1個の母音を中心とする幾つかの音のまとまりです。フランス語は一つ一つの「音節」をはっきりと発音します。母音で終わる音節を「開音節」、子音で終わる音節を「閉音節」といいます。フランス語は開音節が全体の音節の70％以上を占めるため、この点で英語よりも日本語と似ているのです。

　例えば restaurant の音節を分解すると以下のようになります。スペルと［　］に入った発音とでは区切り方が多少違うこともありますが、ここでは音のかたまりを意識するだけでいいです。第一音節は閉音節、第2音節は［オ］で終わっているので開音節、第3音節は［アン］という鼻母音で終わっているので開音節です。

```
[レス  /  ト  /  ラン]
 res     tau    rant
第1音節  第2音節  第3音節
```

❂カタカナで読むとどうしても日本語に引きずられますが、斜線が入っていない部分はひとかたまりで読むようにしてみましょう。

13

potage	［ポ／タージュ］
gourmet	［グル／メ］
baguette	［バ／ゲット］
cognac	［コ／ニャック］
vacances	［ヴァ／カンス］
résumé	［レ／ジュ／メ］
antique	［アン／ティーク］
bourgeois	［ブル／ジョワ］
tomate	［ト／マト］
gratin	［グラ／タン］
salopette	［サ／ロ／ペット］
chanson	［シャン／ソン］
enquête	［アン／ケート］
mousse	［ムース］
crêpe	［クレープ］
chef	［シェフ］

✪例にならってかたまりで読む箇所に／を入れてみましょう。

例： po / tage

gour met

ba guette

co gnac

va cances

ré su mé

an tique

bour geois

to mate

gra tin

sa lo pette

chan son

en quête

mousse

crêpe

chef

hについて

フランス語の h という文字は発音されることはありません。

ただし「無音・有音の h」という2種類に分けられます。hôtel（ホテル）などの h は「無音の h」と呼ばれ、まったく無いものと見なされます。従って母音で始まる語と同様、エリジオン、リエゾン、アンシェヌマン（⇒10日目）などの対象となります。例えば定冠詞をつける場合、l'hôtel となります。

一方、héros（ヒーロー）などの h は、「有音の h」と呼ばれ、辞書などでは、*héros, †héros のように記号をつけて「無音のh」と区別しています。h という子音字で始まる語と見なされますので、エリジオン、リエゾン、アンシェヌマンの対象となりません。ですから、例えば定冠詞をつける場合、le héros となります。語彙数としては「有音の h」で始まる語は少ないので、出てきたときに覚えるようにすればいいでしょう。

hôtel　［オテル］ホテル　／　l'hôtel　［ロテル］

*héros　［エロ］ヒーロー　／　le héros　［ル　エロ］

5日目

カタカナでは特に表記の難しい音をマスターしましょう。

もともとフランス語の音は日本語の音とは全く違うわけですからカタカナで正しく表記するのは難しいのですが、中でも特に難しいのがここで扱う**2つ**の音です。この音の入っている語彙は日本語にもなりにくいせいか，あまり身近に見当たりません。下の例を見てください。

> **pot-au-feu**　　［ポトフ］

大きなかたまりのままの牛肉と野菜をゆっくり煮込んだ家庭料理です。

> **millefeuille**　　［ミルフイユ］ミルフィーユ

薄いパイ生地が層になっているお菓子はご存知ですね。フランス語の意味は「千の葉っぱ」という意味で、パイ生地が何層にもなるイメージを表しています。ただ、フランス語で［フィーユ］と発音すると、fille（娘）と勘違いされてしまうので、［フイユ］と発音した方がフランス語に近いです[8]。

eu, œu　［ウ］

同じスペルでも、開音節では少し口をすぼめた形、閉音節では口を前方に少し開けた感じで発音します。日本語のカタカナでは［ウ］としか表記

---

[8] -ille の発音については7日目を参照してください。

できませんので、まずはよくCDを聞き音に慣れることが大切です。唇の形も参考にしてください。

14 開音節： p<u>eu</u> ［プ］少し　　　　　　j<u>eu</u>di ［ジュディ］木曜
　　　　　　d<u>eu</u>x ［ドゥ］2
　　　閉音節： b<u>eu</u>rre ［ブール］バター　b<u>œu</u>f ［ブッフ］牛肉
　　　　　　<u>œu</u>f ［ウッフ］卵

唇の形

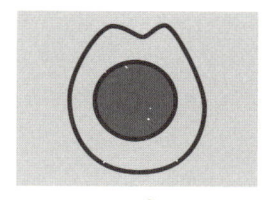

peu の eu 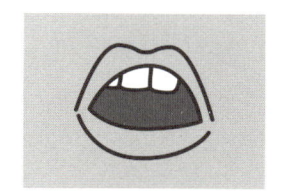　　　　　　　　beurre の eu

15 ディクテ5

CDを聞いて次の下線部に適切な文字を入れましょう。

1. p_ _　　　　　　2. j_ _ di
3. d_ _ x　　　　　4. b_ _ rre
5. b_ _ f　　　　　6. _ _ f

16 　　　　　　　● 練習問題３ ●

次の単語を読んでみましょう。

sœur	bleu	peu
pot-au-feu	ceux	seul
jeudi	jeune	neutre
heure	deux	bœuf
veux	œuf	

rの発音

　フランス語の r 音は英語の r 音とはまったく違います。舌先を下の歯の裏側につけ、舌の奥を上に持ち上げて摩擦させます。［グ］と発音して、閉鎖している部分をゆるめるとうまくいきます。カタカナでは l もラ行、r もラ行になっているので区別できませんが、発音するときは、r はこうした摩擦音で発音してみるようにしていきましょう。

口の中の図

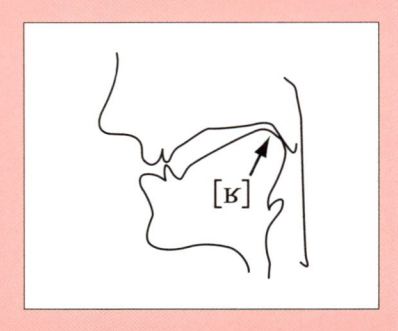

Memo

6 jour 日目

文字を組み合わせてできる母音をマスターしましょう。

フランス語の文字は26個ですが、フランス語に必要な音は36個です。ですから、いくつかの文字を組み合わせて音を作ることになります。今日は文字を組み合わせてできる音をマスターしましょう。これらはすべて1つの母音で発音します。

ai	［エ］	eu	［ウ］	⎫
au	［オ］	œu	［ウ］	⎬ 5日目参照
eau	［オ］	oi	［ォワ］	
ei	［エ］	ou	［ウ］	⎦ 2日目参照

❁ **これらのスペルに注意しながら発音してみましょう。**

17　café **au** la**i**t　　　［カフェ・オ・レ］

　　f**oi**e gras　　　　　［フォワグラ］

m**ou**sse	［ムース］
rest**au**rant	［レストラン］
cr**oi**ssant	［クロワサン］
s**ou**pe	［スープ］
s**au**ce	［ソース］
b**ei**ge	［ベージュ］
pot-**au**-f**eu**	［ポトフ］
gât**eau**	［ガトー］
g**au**fre	［ゴーフル］
madel**ei**ne	［マドレーヌ］
conc**ou**rs	［コンクール］
r**ou**te	［ルート］
art n**ou**veau	［アールヌーヴォー］
b**ou**rge**oi**s	［ブルジョワ］
m**ai**son	［メゾン］
Ren**ai**ssance	［ルネサンス］

18 ディクテ6

CDを聞いて次の下線部にai, au, eau, ei eu, œu, oi, ou のいずれかを入れ完成させましょう。

1. café _ _ l _ _ t
2. f _ _ e gras
3. m _ _ sse
4. rest_ _ rant
5. cr_ _ ssant
6. s _ _pe
7. s_ _ ce
8. b_ _ ge
9. pot-_ _ -f _ _
10. gât_ _ _
11. g _ _ fre
12. madel_ _ ne
13. conc_ _ rs
14. r _ _ te
15. art n_ _ v_ _ _
16. b_ _ rge_ _ s
17. m_ _ son
18. Ren_ _ ssance

19 ● 練習問題4 ●

次の単語を読んでみましょう。

aide	oiseau	bureau
toilette	neige	oui
reine	peur	

フランス語の文字

フランス語の文字は26文字で英語とまったく同じです。ただ読み方が異なるので、ここで見ておきましょう。

a	[ア]	h	[アッシュ]	o	[オ]	v	[ヴェ]
b	[ベ]	i	[イ]	p	[ペ]	w	[ドゥブルヴェ]
c	[セ]	j	[ジ]	q	[キュ]	x	[イクス]
d	[デ]	k	[カ]	r	[エール]	y	[イグレック]
e	[ウ]	l	[エル]	s	[エス]	z	[ゼッド]
f	[エフ]	m	[エム]	t	[テ]		
g	[ジェ]	n	[エヌ]	u	[ユ]		

★ **スペルを書いてみましょう。**

[カフェ・オ・レ] ＿＿＿＿＿　＿＿＿＿＿
café au lait

[フォワグラ] ＿＿＿＿＿　＿＿＿＿＿
fois gras

[ムース] ＿＿＿＿＿　＿＿＿＿＿
mousse

[レストラン] ＿＿＿＿＿　＿＿＿＿＿
restaurant

[クロワッサン] ＿＿＿＿＿　＿＿＿＿＿
croissant

[スープ]　_____　_____
　　　　　　　　　　　soupe

[ソース]　_____　_____
　　　　　　　　　　　sauce

[ベージュ]　_____　_____
　　　　　　　　　　　beige

[ガトー]　_____　_____
　　　　　　　　　　　gâteau

[ルート]　_____　_____
　　　　　　　　　　　route

[ブルジョワ]　_____　_____
　　　　　　　　　　　bourgeois

[メゾン]　_____　_____
　　　　　　　　　　　maison

Memo

7 jour

文字を組み合わせてできる子音および半子音をマスターしましょう。

日目

ch [シュ]　　　　　gn [ニュ]　　　　　qu [ク][9]

ph [フ]　　　　　　th [トゥ]

pharmacie　　　　［ファルマシー］　ファーマシー

chanson　　　　　［シャンソン］

co**gn**ac　　　　　　［コニャック］

thème　　　　　　［テーム］　テーマ

anti**qu**e　　　　　　［アンティーク］

en**qu**ête　　　　　　［アンケート］

[9] 他の子音字の組み合わせについては第2部「子音」の項を参照してください。

同じ子音字が重なる場合

原則では、同じ子音字が2つ重なっている場合でも1つと同じように発音します。-ss-は必ずサ行で発音します[10]。

21

de**ss**in　　　　　　［デッサン］

Renai**ss**ance　　　　［ルネサンス］

salope**tt**e　　　　　［サロペット］

半子音（半母音）について

フランス語には3つの半子音があります。半母音とも言われ、連続する2つの母音を一息で発音した時に、一方の母音が短く発音される音です。母音のように単独で音節をつくることはできません。

ここでは軽い［イ］という発音になる半子音を見てみます。このように発音されるのは次のようなスペルのときです。

```
［イ］ ＋ 母音　　例：sommelier　［ソムリエ］
```

日本語では［ソ／ム／リ／エ］と一文字ずつ発音されますが、フランス語では［エ］の前の［イ］は半子音の［イ］になり、［イ］よりも短い発音になります。

次のスペルでもこの音が発音されます。

```
i＋　語尾のl／語中のll　⇒　軽い［イ］
```

---

[10] -s- が母音字に囲まれるとザ行の発音なります。
例：poison ポワゾン、poisson ポワソン

✿ 次のフランス語を見ながら発音してみましょう。

22

millefeu**ille**　　［ミルフイユ］

trav**ail**　　　　［トラバイユ］仕事

Versa**illes**　　［ヴェルサイユ］ヴェルサイユ

sole**il**　　　　［ソレイユ］太陽

23 ディクテ7

CDを聞いて次の下線部に文字を入れ完成させましょう。

1. _ _ armacie　　　2. sommel_ _ _

3. sol_ _ _　　　　4. trav_ _ _

5. Vers_ _ _ _ es　　6. _ _ anson

7. de_ _ in　　　　8. Renai_ _ ance

9. salope_ _ e　　　10. co_ _ ac

11. _ _ ème　　　　12. anti_ _ e

24
● 練習問題5 ●

次の単語を読んでみましょう。

charme　　　tissu　　　montagne

question　　　philosophe

スペル面からの音節の区切り方

一般に1つの単語のスペルは、そこに含まれる母音字を核として、1つ以上の音節に分割することができます。この分割は発音の基本となります。

普通、区切りとなるのは、[母音字にはさまれた子音字または子音字のグループ] です。

子音の数から見た原則のみを挙げておきます。

1. 子音字が1個の場合は、その子音字の前で切る。

   po-ta-ge　［ポ／タージュ］

2. 子音字が2個以上並んでいる場合は、第1の子音字の次で切る。また、語末の子音字は前の母音と音節を構成する。

   gour-met　［グル／メ］

   an-ti-que　［アン／ティーク］

   chan-son　［シャン／ソン］

3. ただし、複合子音字や〈l, r, n 以外の子音字＋ l, r, n〉は切り離さない。

   co-gnac　［コ／ニャック］

   crê-pe　［クレープ］

   gra-tin　［グラ／タン］

8 jour 日目

e の読み方をマスターしましょう。

e の読み方についてまとめて見てみましょう。e は、単語や文のどこにくるかや話し手によって、次の4通りの読み方があります。

1. 口を左右に引っ張って発音する［エ］ ⎫
2. 口を少し開けて発音する［エ］ ⎭ ［エ］と発音する
3. 軽く発音する［ウ］ ⎫
4. 全く発音しない［ゼロ］ ⎭ ［エ］と発音しない

　4種類に分けて覚えるのは煩雑ですし、そこまで区別する必要がない場合もあります。ですからここでは1、2と3、4とに分けて発音を区別することにしましょう。すなわち、［エ］と発音するかしないかが重要です。
　é, è, ê など、アクサン記号がついたものも合わせて見ていきましょう。

[エ] と発音しない場合

25

soupe [スープ]　　　　sauce 　　　　[ソース]

gaufre [ゴーフル]　　　tarte 　　　　 [タルト]

litre [リットル]　　　　pâtisserie [パティスリー]

madeleine [マドレーヌ]　reportage [ルポルタージュ]

Renaissance [ルネッサンス]　menu [ムニュ] メニュー

avenue [アヴニュ] アベニュー　sommelier [ソムリエ]

[エ] と発音する場合

26

café [カフェ] café au lait [カフェ・オ・レ] crêpe [クレープ]

e＋2つの子音字： dessin 　　　[デッサン]

　　　　　　　　　salopette 　[サロペット]

　　　　　　　　　restaurant [レストラン]

e＋語尾の子音字： ballet 　　　[バレ] バレエ

　　　　　　　　　buffet 　　　[ビュフェ]

　　　　　　　　　gourmet 　　[グルメ]

　　　　　　　　　sommelier [ソムリエ]

27 ディクテ8

CDを聞いて次の下線部に文字を入れ完成させましょう。

1. soup_
2. sauc_
3. gaufr_
4. tart_
5. litr_
6. pâtiss_ ri_
7. mad_ lein_
8. r_ portag _
9. R_ naissanc_
10. m_nu
11. av_nu_
12. caf_
13. caf_ au lait
14. cr_pe
15. d_ ssin
16. salop_tte
17. r_ staurant
18. ball_t
19. gourm_ t
20. somm_ lier

28 ● 練習問題6 ●

次の単語を読んでみましょう。

le	étude	les
père	aimer	tête
pied	passé	avenir

例外的な発音

基本語彙の中にもこれまでの規則では読めないものがあります。多くはありませんので、個別に覚えてしまいましょう。

★単数と複数とで発音が変わるもの

(29) bœufs [ブ]　（単数 bœuf [ブッフ]）　牛

œufs [ウ]　（単数　œuf [ウッフ]）　卵

★普通は読まない語尾を読むもの

(30) mars [マルス] 3月　　est [エスト] 東　　　ouest [ウエスト] 西

sud [スュド] 南　　sens [サンス] 方角　　sept [セット] 7

fils [フィス] 息子

★普通は読む語尾を読まないもの

(31) clef [クレ] 鍵　　gentil [ジャンティ] 親切な　　outil [ウティ] 道具

★その他

(32) août [ウ(ト)] 8月　　　　　　mille [ミル] 千

ville [ヴィル] 町　　　　　　　second [スゴン] 2番目の

examen [エグザマン] 試験　　　femme [ファム] 女性、妻

monsieur [ムッスィユ] 男性の敬称

9 jour 日目 音のつながり──アンシェヌマン、エリジオン、リエゾン

> **アンシェヌマン**

　もともと発音する語末の子音字を母音または無音の h で始まる次の語につないで発音する現象です。ここで大切なことは、つながるのはつづり字ではなく発音だということです。elle や habite の語尾は e ですが、発音されないので、[l]や[t]という子音で終わっていると考えます。この子音と次の母音を一緒に読むのです。フランス語が滑らかに聞こえるのはこのような現象のおかげです。

33

Il‿aime le café.	彼はコーヒーが好きです。
（レ）	

Elle‿habite‿à Nice.	彼女はニースに住んでいます。
（ラ）　（タ）	

エリジオン

　S'il vous plaît（お願いします）の中の省略符号[']は、省略された si の i の代わりに入っているものです。あとの語（この場合は il ）が母音または無音の h で始まるとき、母音の衝突を避けるために、母音字を省いて省略符号[']をつけます。これをエリジオンと言います。

　省略符号の前の子音と母音を一緒に読むのがコツです。 ですから s'il は［スィル］と読みます。 対象となるのは以下の語くらいだと思っていてください。

> le　la　ce　je　me　te　se　de　ne　que
> si (il, ils の前のみ)　　など

34

> Je m'appelle Françoise. 私の名前はフランソワーズです。
> (me + appelle)

リエゾン

　アンシェヌマンと似ていますが、もともと発音しない語末の子音字を、母音または無音の h で始まる次の語につなげて発音する現象です。もともと発音されていないので、別の音が出てきます。リエゾンは２つの語彙が文法的に強く結びつくときに起きるのです。

35

> Vous avez des amis français ?
> 　　　[z]　　　　　[z]
> フランス人の友人はいますか？

　リエゾンの規則として「必ずする場合」、「絶対にしない場合」、「どちらでも良い場合」があります。ここでは、必ずする場合と絶対にしない場合の例を挙げておきますので、参考にしてください。

＜必ずリエゾンする場合の例＞

36 **1.** 主語 (nous, vous, ils, elles)
　　　　＋母音または無音の h で始まる動詞
例：arriver（到着する）, aimer（〜が好きである）, avoir（持っている）など

　　　　nous arrivons　　vous aimez　　　ils ont
　　　　　　[z]　　　　　　　[z]　　　　　　　[z]

37 **2.** 冠詞や形容詞など＋名詞

un ami　（男性の）友人　　　un petit ami　恋人
　[n]　　　　　　　　　　　　　　[t]

les hommes　男の人たち　　　deux euros　2ユーロ
　[z]　　　　　　　　　　　　　　[z]

mon adresse　私の住所
　　[n]

38 **3.** ［前置詞＋不定冠詞］や熟語など。

dans un jardin　庭で
　　　[z]

de plus en plus　しだいに（多く）
　　　　[z]

petit à petit　少しずつ
　　[t]

048

＜リエゾンしてはいけない場合の例＞

39 **1.** 主語が名詞の場合：Le camion / arrive.　トラックが来る。

2. et の後：vingt et / un　21

　　　　Il y a un portable et / un livre sur la table.
　　　テーブルの上には携帯と本とがおいてある。

3. 有音の h の前：en / haut　上に

4. 倒置形の ils, elles, on の後：

　　　　Vont-ils / arriver ?　彼らはまもなく着きますか？

5. 単数名詞＋形容詞：un plan / urgent　急ぎの計画

✪ スペルを書いてみましょう。

［ファルマシー］ファーマシー _____   _____
                                                  pharmacie

［ソムリエ］   _____   _____
                                                  sommelier

［ソレィユ］   _____   _____
                                                  soleil

［トラバィユ］   _____   _____
                                                  travail

［シャンソン］   _____   _____
                                                  chanson

［デッサン］   _____   _____
                                                  dessin

［メゾン］   _____   _____
                                                  maison

［コニャック］   _____   _____
                                                  cognac

［テーム］テーマ   _____   _____
                                                  thème

［アンティーク］   _____   _____
                                                  antique

[アンケート]		
		enquête
[ソース]		
		sauce
[ゴーフル]		
		gaufre
[パティスリ]		
		pâtisserie
[マドレーヌ]		
		madeleine
[ムニュ] メニュー		
		menu
[アヴニュ] アヴェニュー		
		avenue
[クレープ]		
		crêpe
[デッサン]		
		dessin
[バレ] バレエ		
		ballet
[ビュフェ]		
		buffet

10 jour 日目 動詞の発音

1. 第1群規則動詞（-er動詞）

　フランス語の動詞の9割以上がこの動詞群に入ります。語尾の -er が主語に応じて次のように活用されます。

40 ＜ chercher（探す）の直説法現在＞

je	cherch**e**	［ジュ　シェルシュ　］
tu	cherch**es**	［テュ　シェルシュ　］
il	cherch**e**	［イル　シェルシュ　］
elle	cherch**e**	［エル　シェルシュ　］
nous	cherch**ons**	［ヌ　　シェルション］
vous	cherch**ez**	［ヴ　　シェルシェ　］
ils	cherch**ent**	［イル　シェルシュ　］
elles	cherch**ent**	［エル　シェルシュ　］

　-e, -es, -ent は発音されません。-ez は［エ］、-ons［オン］（鼻母音）と発音します。特に ils cherchent の語尾の -ent を読まないのは動詞の活用に特有の発音ですから、気をつけましょう。

2. 第2群規則動詞 (-ir動詞)

　この第2群規則動詞は第1群規則動詞 (-er動詞) に次いで多く、約350ほどあります。

　-er 動詞の活用語尾とは単数の活用語尾が異なり、-s, -s, -t となります。いずれも発音されません。複数形の語幹末に-ss-が現れるのが特徴です。

41 ＜ finir (終える) 型の直説法現在＞

je	finis	［ジュ　フィニ　］
tu	finis	［テュ　フィニ　］
il	finit	［イル　フィニ　］
nous	fini**ss**ons	［ヌ フィニッソン　］
vous	fini**ss**ez	［ヴ フィニッセ　］
ils	fini**ss**ent	［イル　フィニッス］

3. 動詞 être「～である, ～にいる」

　最もよく使われる動詞の1つで英語の be 動詞にあたります。不規則な活用をします。

42 ＜ être の直説法現在＞

je	suis	［ジュ スイ　］
tu	es	［テュ エ　］
il	est	［イ レ　］
nous	sommes	［ヌ　ソム　］
vous	êtes	［ヴ　ゼット］
ils	sont	［イル ソン　］

　il est, elle est のアンシェヌマン、vous êtes のリエゾンに注意してください。

4. 動詞avoir「〜を持つ」

êtreと同様、頻度の高い動詞で、英語の have にあたります。

43 <avoirの直説法現在>

j'ai		[ジェ]
tu	as	[テュ ア]
il	a	[イラ]
nous	avons	[ヌザヴォン]
vous	avez	[ヴザヴェ]
ils	ont	[イルゾン]

j'ai は je+ai がエリジオンされたものです。il a, elle a のアンシェヌマン、nous avons, vous avez, ils ont, elles ont のリエゾンに気をつけましょう。

不規則な活用をする動詞はあと3つあります。余裕があれば見てみましょう。

5. 動詞aller「〜へ行く」

aller は語尾が -er ですが、第1群規則動詞と異なり不規則な活用をする動詞です。

44 < allerの直説法現在>

je	vais	[ジュ ヴェ]
tu	vas	[テュ ヴァ]
il	va	[イル ヴァ]
nous	allons	[ヌザロン]
vous	allez	[ヴザレ]
ils	vont	[イル ヴォン]

6. 動詞faire「行う, つくる」

　faire は不規則な活用をする動詞です。使用頻度の高い動詞なので何度も発音して覚えましょう。

45 ＜ faire の直説法現在 ＞

je	fais	［ジュ　フェ　］
tu	fais	［テュ　フェ　］
il	fait	［イル　フェ　］
nous	faisons	［ヌ　　フゾン　］
vous	faites	［ヴ　　フェット］
ils	font	［イル　フォン　］

　faisons ［フゾン］は特に発音に気をつけましょう。-ai-という綴りを［エ］と読まないのは例外的です。

7. 動詞dire「言う」

46 ＜dire の直説法現在＞

je	dis	［ジュ　ディ　］
tu	dis	［テュ　ディ　］
il	dit	［イル　ディ　］
nous	disons	［ヌ　　ディゾン］
vous	dites	［ヴ　　ディット］
ils	disent	［イル　ディーズ］

　複数形の disons および disentの s は [z] と発音します。2人称複数の語尾が -es となるのはこのほか être と faire のみです。

✪ 動詞の活用を声に出しながら書いてみましょう。

être

avoir

chanter

finir

faire

aller

dire

✪ 第一部の締めくくりとしてこれまでの規則を使って日常単語の発音に挑戦してみましょう！ はじめはカタカナを見ずに発音してみましょう。

	〈発音〉	〈意味〉
famille (f.)	[ファミィーユ]	家族、家庭
parents (m. pl.)	[パラン]	両親
père (m.)	[ペール]	父親
mère (f.)	[メール]	母親
frère (m.)	[フレール]	兄弟
sœur (f.)	[スール]	姉妹
professeur (m.)	[プロフェスール]	教師

étudiant(e) (m.f.)	[エテュディヤン(ト)]	学生
visage (m.)	[ヴィザージュ]	顔
cheveu (m.)	[シュヴー]	髪の毛
oreille (f.)	[オレイユ]	耳
bouche (f.)	[ブーシュ]	口
gorge (f.)	[ゴルジュ]	のど
main (f.)	[マン]	手
dos (m.)	[ド]	背中
pied (f.)	[ピエ]	足
peau (f.)	[ポー]	皮膚
santé (f.)	[サンテ]	健康
habit (m.)	[アビ]	衣服
montre (f.)	[モントル]	腕時計
ceinture (f.)	[サンテュール]	ベルト
chaussure (f.)	[ショスュール]	靴
appartement (m.)	[アパルトマン]	マンション
salle (f.)	[サル]	広間、会場
chambre (f.)	[シャンブル]	寝室、ホテルの部屋
cuisine (f.)	[キュイジーヌ]	台所、料理
fenêtre (f.)	[フネートル]	窓
table (f.)	[ターブル]	テーブル
chaise (f.)	[シェーズ]	椅子

～使用した日本語になっているフランス語～

こ こまでに出てきた日本語になっているフランス語のリストです。右端に発音記号を入れておきました。正確な発音を知りたい場合は、カタカナではなくやはり発音記号を身につけるのが一番です。時期がきましたら、第2部へと進みましょう。第2部ではこうした発音記号や発音の仕方について詳しく解説してあります。

フランス語	日本語	発音記号
potage	ポタージュ	[pɔ-taːʒ]
gourmet	グルメ	[guʀ-me]
buffet	ビュッフェ	[by-fɛ]
café	カフェ	[ka-fe]
café au lait	カフェ・オ・レ	[ka-fe-o-lɛ]
crêpe	クレープ	[kʀɛp]
foie gras	フォワグラ	[fwa-gʀɑ]
tomate	トマト	[tɔ-mat]
mousse	ムース	[mus]
restaurant	レストラン	[ʀɛs-tɔ-ʀɑ̃]
croissant	クロワッサン	[kʀwa-sɑ̃]
gratin	グラタン	[gʀa-tɛ̃]
chef	シェフ	[ʃɛf]
cognac	コニャック	[kɔ-ɲak]
baguette	バゲット	[ba-gɛt]
soupe	スープ	[sup]
sauce	ソース	[soːs]
pot-au-feu	ポトフ	[pɔ-to-fø]
gâteau	ガトー	[ga-to]
pâtisserie	パティスリー	[pɑ-tis-ʀi]

フランス語	日本語	発音記号
gaufre	ゴーフル	[goːfʀ]
madeleine	マドレーヌ	[mɑd-lɛn]
tarte	タルト	[tɑʀt]
litre	リットル	[litʀ]
sommelier	ソムリエ	[sɔ-mə-lje]
concours	コンクール	[kõ-kuːʀ]
route	ルート	[ʀut]
vacances	ヴァカンス	[va-kɑ̃ːs]
résumé	レジュメ	[ʀe-zy-me]
reportage	ルポルタージュ	[ʀə-pɔʀ-taːʒ]
antique	アンティーク	[ɑ̃-tik]
art nouveau	アールヌーヴォー	[aːʀ-nu-vo]
bourgeois	ブルジョワ	[buʀ-ʒwa]
dessin	デッサン	[de-sɛ̃]
maison	メゾン	[me-zõ]
salon	サロン	[sa-lõ]
beige	ベージュ	[bɛːʒ]
salopette	サロペット	[sa-lɔ-pɛt]
chanson	シャンソン	[ʃɑ̃-sõ]
enquête	アンケート	[ɑ̃-kɛt]
Renaissance	ルネッサンス	[ʀə-nɛ-sɑ̃ːs]
ballet	バレエ	[ba-lɛ]
pain	パン	[pɛ̃]

第 2 部 より正確に発音するために

スペルをなんとなく読めるようになれば、今度は正確にフランス語らしく読む段階に入りましょう。最初に説明したように、フランス語の音は日本語とは違いますから、カタカナでの表記には限界があります。ここでは発音記号を使ってもう一度フランス語の音とスペルの関係を学び直しましょう。発音記号は難しいと思われがちですが、そんなことはありません。なんと言ってもこれを知ることにより、より正確に読めるようになるのです。

母音

48 **1.** [a] a, à ,â（1日目）

［発音のコツ］口を広く開けて、日本語の［ア］よりも口の前方で発音します。

ami　　vas　　à　　tard

49 **2.** [ɑ] a, â, また -ase, -ation（1日目）

［発音のコツ］口を[a]よりも広く開けて、口の後方で発音します。この音は[a]で発音される傾向があるので、区別を誇張する必要はありません。

pas　　base　　théâtre

50 **3.** [ɑ̃] an, en（3日目）

［発音のコツ］日本語の［ア］よりも口を広く開け、口と鼻からも息を出しながら［アン］と発音します。ただし、最後に口をふさいではいけません。つづりでは en もこの音になるので気をつけましょう。

dimanche　　temps　　enfant

51 **4.** [e]　é, -er , -ez, -ef, -ed, e ＋ 2重子音など。(2日目、8日目)

　［発音のコツ］日本語の［エ］より舌の位置が高いので、むしろ［イ］に近い音になります。［イ］を発音するつもりで唇を左右に引き［エ］を発音します。

　　école　　écrire　　parler　　pied　　effort

52 **5.** [ɛ]　e, è, ê, ai, ei など。(2日目、8日目)

　［発音のコツ］[e]より口の開きを広くして発音します。日本語の［ア］に近い音になります。

　　près　　mère　　être　　aide　　mai　　sujet

53 **6.** [ɛ̃]　im, in, aim, ain, eim ein, ym, yn (3日目)

　［発音のコツ］[e]のように唇を左右に開き、口と鼻から息を出しながら発音します。

　　simple　　inviter　　faim　　train　　plein

54 **7.** [o]　au, o, ô, eau など。(2日目、6日目)

　［発音のコツ］唇をできるだけ丸めて前に突き出して発音します。

　　autre　　gauche　　chose　　dôme　　cadeau

55 **8.** [ɔ]　o, au など。(2日目、6日目)

　［発音のコツ］口の開きを日本語の［オ］よりも広くして発音しますので、日本語の［ア］に近くなります。[o]とは自然に異なって発音できるのであまり気にする必要はありません。

　　poche　　porte　　mode　　Paul

56 **9.** [õ] on, om など。(3日目)

［発音のコツ］唇を[o]のようにまるめて前へ突き出し、口と鼻から息を出して発音します。

rond　　long　　nom　　bombe

57 **10.** [i] i, î, y など。(2日目)

［発音のコツ］唇を左右に引き緊張させて発音します。日本語の［イ］よりもずっと狭くします。

ici　　lit　　stylo　　jury　　dîner

58 **11.** [u] ou, où, oû など。(2日目、6日目)

［発音のコツ］唇を丸めてできるだけ突き出して発音します。日本語の［ウ］とは全く異なる音です。

tout　　toujours　　où　　jour　　nouvel

59 **12.** [y] u, û など。(2日目)

［発音のコツ］[u] のように唇を丸めながら、[i] を発音します。ちょうど口笛を吹くような感じです。

bureau　　étudiant　　lune　　musée　　dû

60 **13.** [ø] eu, œu (5日目)

［発音のコツ］唇を [o] の形にして、[e] の音を発音します。

peu　　jeudi　　bleu　　deux　　œufs

61 **14.** [œ] eu + 読む子音, œu + 読む子音。(5日目)

［発音のコツ］唇を [ɔ] の形にして、[ɛ] の音を発音します。

seul　　jeune　　beurre　　peur　　sœur

62 **15.** [œ̃] un, um（3日目）

［発音のコツ］唇を[œ]の形にして、鼻に息を通して発音します。[œ̃]は[ɛ̃]で発音される傾向があります。

un　　lundi　　aucun　　parfum　　brun

63 **16.** [ə]　1音節の語のe、子音 + e + 子音など。（8日目）

［発音のコツ］唇を前へ突き出し、緊張させずに発音します。この音は脱落性の[ə]や無音の[ə]などと呼ばれ，発音されるのは、子音を支える必要があるかどうかによります。また文体によっても差があります。

le　　premier　　vendredi　　dehors　　parce que

ressembler

半子音（半母音）

ここでは半子音を見てみましょう。半母音とも言われますが、母音のように単独で音節をつくることはできません。母音[i] [u] [y]の後にさらに別の母音が続くと、これらの音が半子音（半母音）となります。対応する母音をごく短く発音するといいでしょう。

$$
\begin{aligned}
&[i] + 母音 \Rightarrow [j] \\
&[u] + 母音 \Rightarrow [w] \\
&[y] + 母音 \Rightarrow [ɥ]
\end{aligned}
$$

1. [j] i, y +母音, il(le) （7日目）

［発音のコツ］[i]を発音する要領で、次の母音を続けて発音します。

bien   mieux   crayon   famille   travail

2. [w] ou +母音, oi [wa] （7日目）

［発音のコツ］[u] を発音する要領で、次の母音を続けて発音します。oiは [wa] と発音します。

oui   loué   voilà   mois   noir

3. [ɥ] u + 母音 （7日目）

［発音のコツ］[y] を発音する要領で、次の母音を続けて発音します。

nuit   suis   juin   fruit   nuageux

音声面からの音節の区切り方

先のコラムではスペル面からの音節の区切り方を示しましたが、ここでは音声面での音節の区切り方を見ていきます。基本的にスペル面からの音声の区切り方(7日目コラム)を発音記号に当てはめればいいのです。ここで一般的な規則を説明します。

1. 母音間の1つの子音は後続の母音につなげます。

été ⇒ [e-te]

intéressant ⇒ [ɛ̃-te-ʀɛ-sɑ̃]

2. 母音間の異なった2つの子音は原則として切り離します。

fermer ⇒ [fɛr-me]

3. 次の子音と [l] [r] がつながると子音群として後続の母音と音節を作ります。

[p] [t] [k] [b] [d] [g] [f] [v] ＋ [l] [r]　tableau [ta-blo]

> 子音

67　**1.** [ʀ]　r, rr（2日目、5日目）

［発音のコツ］音声学的には[ʁ]のように書きますが、[ʀ]で代表させて表記します。

　　pa**r**ler　　cama**r**ade　　appa**r**tement　　a**rr**iver

68　**2.** [f]　f, ff, ph（2日目、7日目）

［発音のコツ］下唇を上の前歯につけてその間から音を出します。

　　frère　　**f**acile　　di**ff**icile　　o**ff**rir　　al**ph**abet

69　**3.** [v]　v（2日目）

［発音のコツ］[f] と同じ要領で発音する有声音です。[b] にならないようにしっかりと摩擦させてください。

　　a**v**ant　　a**v**ril　　cra**v**ate　　fé**v**rier

70　**4.** [m]　m, mm（3日目）

［発音のコツ］唇を完全に閉じ [b] 形にして、空気を鼻に通して発音します。

　　fil**m**　　**m**ai　　**m**idi　　co**mm**e　　fe**mm**e

71　**5.** [n]　n, nn

［発音のコツ］[d] のように舌先を上の前歯につけ、空気を鼻に通して発音します。

　　nous　　**n**euf　　**n**on　　a**nn**ée　　do**nn**er

72 **6.** [ɲ]　gn（7日目）

［発音のコツ］日本語の［ニュ］に近い発音ですが、唇の筋肉を緊張させ、鼻に息を通して発音します。

　　Allemagne　　campagne　　mignon　　espagnol

73 **7.** [k]　c, c (cc) + a/o/u, k,　c+子音,　-q, quなど。（2日目）

［発音のコツ］舌先を下の前歯に付け、舌の奥を上げて発音します。英語と違い、息を出すような音にしないように。つづりがいろいろあり複雑に見えますが、すぐ慣れます。

　　grec　　café　　content　　curieux

　　occasion　　oncle　　cinq

74 **8.** [g]　g+a/o/u, gu+e/i, g+l/r,　e+x+母音字など。（2日目）

［発音のコツ］　[k] と同じように発音する有声音です。

　　magasin　　gorge　　légume　　guide

　　église　　exemple

75 **9.** [s]　s, ss, c + i/e, ç+a/o/u, ti + 母音, sc, xなど。（2日目）

［発音のコツ］舌先を下の前歯の裏側につけ、舌の奥を上に上げて発音します。日本語の［ス］に比べて非常に明るい音になります。

　　veste　　impossible　　médecin　　garçon

　　initial　　descendre

76 **10.** [z]　z, 母音 + s + 母音, 母音 + x + 母音など。（2日目）

［発音のコツ］　[s] と同じように発音する有声音です。

　　douze　　usine　　visage　　examen

77 **11.** [ʃ] ch, sch, sh など。(7日目)

［発音のコツ］唇を丸めて前に突き出し、舌先を上の前歯に上げて発音します。［シュ］と発音します。

    chambre   chaud   schéma   short

78 **12.** [ʒ] j, g + e/i, ge + a/o/u など。(2日目)

［発音のコツ］［シュ］と同じ要領で発音する［ジュ］という有声音です。［ヂュ］にならないように。

    jeudi   déjà   girafe   manger   gentil

    mangeais

フランス語の発音のコツ

1. 口の前方で発音する傾向があります。

例えば [l] の発音については、「上前歯」の裏側につけて発音しますから、英語よりも前よりの発音になります。また、母音の多くは唇を丸めて発音します。特に [u] [o] [y] はできる限り口をすぼめて発音しましょう。

2. 発音の際に筋肉を緊張させます。

発音の途中でゆるみが生じる［ヂュ］のような破擦音はフランス語にはありません。bonjour は［ボンジュール］であり、［ボンヂュール］にならないようにしましょう。

Memo

❂ 例にならってフランス語文を発音記号で書いてみましょう。
「‿」でリエゾン、「⌢」でアンシェヌマンを表してください。

例： Vous êtes étudiant ?
　　[vu-zɛt-ze-ty-djɑ̃]

79　1. Il est midi.
　　[　　　　　　　　　　　　　　　]

80　2. Tu étudies la musique ?
　　[　　　　　　　　　　　　　　　]

81　3. C'est clair.
　　[　　　　　　　　　　　　　　　]

82　4. Je voudrais un café.
　　[　　　　　　　　　　　　　　　]

83　5. Il va à Paris cet été.
　　[　　　　　　　　　　　　　　　]

84　6. Quel âge a-t-il ?
　　[　　　　　　　　　　　　　　　]

85　7. Ils adorent le roquefort.
　　[　　　　　　　　　　　　　　　]

86　8. Un peu d'eau, s'il vous plaît.
　　[　　　　　　　　　　　　　　　]

87　9. Depuis combien de temps êtes-vous en France ?
　　[　　　　　　　　　　　　　　　]

88　10. Cette fille est gentille.
　　[　　　　　　　　　　　　　　　]

89　11. Il fait froid.
　　[　　　　　　　　　　　　　　　]

90　12. C'est possible.
　　[　　　　　　　　　　　　　　　]

91　13. Il y en a beaucoup.
　　[　　　　　　　　　　　　　　　]

92　14. L'addition, s'il vous plaît.
　　[　　　　　　　　　　　　　　　]

93　15. C'est un sujet intéressant.
　　[　　　　　　　　　　　　　　　]

フランス語のイントネーション

　最後にフランス語のイントネーションについて見てみましょう。フランス語で円滑なコミュニケーションを図るには、フランス語に特有の音声パターン、すなわち「フランス語らしさ」を習得するのが望ましいでしょう。そしてそれはイントネーションということができると思われます。

　フランス語のイントネーションは基本、意味のまとまりである「リズム段落」の末尾で上昇↗、下降↘するのが特徴です。

Il pleut ?↗　雨が降っていますか？

Il pleut.↘　雨が降っています。

Il est venu (↗) chez moi.↘　彼は私の家に来ました。

　次の2つのグラフの一番上は音声の波形です。その下が基本周波数で、音の高さの変化、すなわちイントネーションを表すと言われています。左のグラフはフランス人のもの、右のグラフはフランス語を学習する日本人のものです。違いは一目瞭然ですね。

読んでもらったフランス語は以下の文です。

On en dénombre 44 de cuisine francaise (↗),　huit de cuisine italienne (↗), cinq de cuisine chinoise (↗) (et…)

　フランス人の発音はポーズの前のfrançaise、italienne, chinoiseのところで上昇しています。これがフランス語のイントネーションの特徴です。継続するところではこのように上昇します。一方、日本人のイントネーションはこのようにかなり平坦になってしまうのが特徴的です。

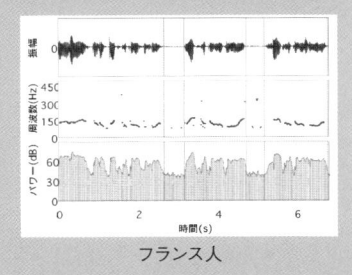

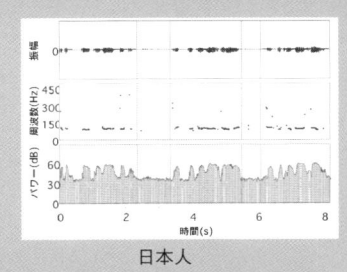

フランス人　　　　　　　　　　　日本人

参考文献　『フランス語音声学 －聴覚からの発音上達法－』(1996) 滝澤隆幸（科学研究費助成出版）

解答

ディクテ1 (p.7)
1. タルト
2. アンケート
3. カフェ
4. ムース
5. ポタージュ
6. クレープ
7. リットル
8. コニャック
9. ルート
10. ソース

ディクテ 2 (p.10)
1. potage
2. tomate
3. tarte
4. buffet
5. soupe
6. mousse
7. gourmet
8. litre

ディクテ 3 (p.13)
1. garçon
2. potage
3. café
4. tarte
5. gourmet
6. pâtisserie
7. litre
8. fiancé

ディクテ 4 (p.18)
1. restaurant
2. croissant
3. gratin
4. concours
5. vacances
6. dessin
7. chanson
8. pain

✿ 例にならってかたまりで読む箇所に／を入れてみましょう。(p.26)
gour/met
ba/guette
co/gnac
va/cances
ré/su/mé
an/tique
bour/geois
to/mate
gra/tin
sa/lo/pette
chan/son
en/quête
mousse
crêpe
chef

ディクテ 5 (p. 29)

1. peu
2. jeudi
3. deux
4. beurre
5. bœuf
6. œuf

ディクテ 6 (p. 34)

1. café au lait
2. foie gras
3. mousse
4. restaurant
5. croissant
6. soupe
7. sauce
8. beige
9. pot-au-feu
10. gâteau
11. gaufre
12. madeleine
13. concours
14. route
15. art nouveau
16. bourgeois
17. maison
18. Renaissance

ディクテ 7 (p. 40)

1. pharmacie
2. sommelier
3. soleil
4. travail
5. Versailles
6. chanson
7. dessin
8. Renaissance
9. salopette
10. cognac
11. thème
12. antique

073

ディクテ 8 (p.44)

1. soupe
2. sauce
3. gaufre
4. tarte
5. litre
6. pâtisserie
7. madeleine
8. reportage
9. Renaissance
10. menu
11. avenue
12. café
13. café au lait
14. crêpe
15. dessin
16. salopette
17. restaurant
18. ballet
19. gourmet
20. sommelier

✪ 例にならってフランス語文を発音記号で書いてみましょう。
「⌣」リエゾン、「⌢」でアンシェヌマンを表してください。(p.70) *固有名詞

1. Il est midi.
   [i-lɛ-mi-di]
2. Tu étudies la musique ?
   [ty-e-ty-di-la-my-zik]
3. C'est clair.
   [sɛ-klɛːʀ]
4. Je voudrais un café.
   [ʒə-vu-dʀɛ-œ̃-ka-fe]
5. Il va à Paris cet été.
   [il-va-aː-pa-ʀi-sɛ-te-te]
6. Quel âge a-t-il ?
   [kɛ-lɑː-ʒa-til]
7. Ils adorent le roquefort.
   [il-za-dɔːʀ-lə-ʀɔk-fɔːʀ]
8. Un peu d'eau, s'il vous plaît.
   [œ̃-pø-do-sil-vu-plɛ]
9. Depuis combien de temps êtes-vous en France ?
   [də-pɥi-kɔ̃-bjɛ̃-dtɑ̃-ɛt-vu-ɑ̃ːfʀɑ̃ːs]
10. Cette fille est gentille.
    [sɛt-fi-jɛ-ʒɑ̃-tij]
11. Il fait froid.
    [il-fɛ-fʀwa]
12. C'est possible.
    [sɛ-pɔ-sibl]
13. Il y en a beaucoup.
    [i-ljɑ̃-na-bo-ku]
14. L'addition, s'il vous plaît.
    [la-di-sjɔ̃-sil-vu-plɛ]
15. C'est un sujet intéressant.
    [sɛ-tœ̃-sy-ʒe-ɛ̃-te-ʀɛ-sɑ̃]

著者略歴

大岩昌子（おおいわ　しょうこ）

名古屋外国語大学教授

『60歳からのフランス語入門』三修社（2001, 共著）
『観光でフランス語』三修社（2007, 共著）
『フランス高級レストランの世界』中央公論新社
（2010, 共訳）など。

10日間で
フランス語のスペルが読める！
（CD付）

2013. 5. 10　初版発行　2014. 7. 1　2刷発行

著　者　大　岩　昌　子

発行者　井　田　洋　二

発行所　株式会社　駿河台出版社

〒101-0062 東京都千代田区神田駿河台3の7
電話 03(3291)1676　FAX 03(3291)1675

組版 デザインプラスアルファ／印刷・製本 ㈱フォレスト
ISBN978-4-411-00526-7　C0085
http://www.e-surugadai.com